Franziska Lange

# Endlich Pause!

## Lustige Spiele für den Schulhof

Mit Bildern von Yayo Kawamura

COPPENRATH

# Hallo, liebes Schulkind!

Endlich ist es so weit: Du bist ein richtiges Schulkind. Gemeinsam mit den anderen Kindern in deiner Klasse lernst du lesen, schreiben, rechnen und vieles mehr. Das ist spannend und macht Spaß. Aber mindestens genauso gut sind die Pausen zwischen den Unterrichtsstunden. Dann laufen alle sofort nach draußen. In diesem Buch findest du viele lustige Spiele für den Pausenhof. Und für den Fall, dass du gerade zu Hause sitzt und nicht sofort mit deinen Freundinnen und Freunden losrennen kannst, gibt's als Extra noch ein paar lustige Ausmalbilder und Rätsel. Viel Spaß!

# Inhalt

Kuchenklau .................................................................. 4
Würfelknoten ............................................................... 6
Ausmalbild: Endlich Pause! ........................................ 8
Heiße Kastanie ........................................................... 10
Jumpy, das Känguru ................................................. 12
Ausmalbild: Labyrinth ............................................... 14
Vorsicht, Wildwasser! ................................................ 16
Tierjagd ....................................................................... 18
Ballakonda .................................................................. 19
Ausmalbilder: Pausen-Snacks ................................. 20
Schnipp Schnapp ...................................................... 22
Schnick-Schnack-Schnuck ....................................... 24

# Kuchenklau

Ihr braucht:
- ein Stück Straßenkreide
- einen Tennisball

Malt einen großen Kreis auf den Pausenhof. Das ist der Kuchen. Den teilt ihr in so viele Stücke, wie Mitspieler da sind. Jedes Kind bekommt ein Kuchenstück und gibt ihm einen Namen, zum Beispiel Schokoladenkuchen.

Dann stellen sich alle Kinder so in die Mitte des Kuchens, dass sich ihre Füße berühren. Das jüngste Kind ist der „Kuchenklau" und wirft den Ball senkrecht hoch. Sofort sprinten alle aus dem Kreis heraus und laufen weg. Während der Ball fliegt, nennt der Kuchenklau einen Kuchennamen, zum Beispiel: „Kuchenklau ist der Apfelstrudel!" Jetzt muss der Apfelstrudel-Besitzer den Ball fangen oder aufheben und laut „Stopp!" rufen.

Sofort müssen alle stehen bleiben. Dann geht der Apfelstrudel-Besitzer in die Kreismitte, nimmt einen kurzen Anlauf und versucht, ein anderes Kind mit drei großen Sprüngen zu erreichen. Schafft er's, darf er mit der Kreide ein Stück vom Kuchenteil des Mitspielers abtrennen und es mit seinem Anfangsbuchstaben kennzeichnen. Das erwischte Kind ist neuer Kuchenklau.

Hat der Apfelstrudel-Besitzer kein Glück, bekommt der erste Kuchenklau den Ball zurück und beginnt noch einmal. Wer am Pausenende die meisten Kuchenstücke mit seinem Anfangsbuchstaben versehen hat, ist Sieger.

# Würfelknoten

Ihr braucht:
- ein Stück Straßenkreise
- einen Würfel

Zuerst zeichnet ihr ein großes Rechteck auf den Boden und unterteilt es in sechs Felder, die ihr von 1 bis 6 nummeriert. Dann bestimmt ihr zwei Kinder: Einer von euch ist der Würfelkönig, ein anderer der Knotenkönig. Der Würfelkönig würfelt eine Zahl. Dann muss der Knotenkönig in das entsprechende Feld hüpfen.

Und jetzt wird geknotet! Der Würfelkönig würfelt vier verschiedene Zahlen. In das Feld der ersten Zahl setzt der Knotenkönig seine linke Hand, in das Feld der zweiten Zahl seinen linken Fuß, in das Feld der dritten Zahl seine rechte Hand und in das Feld der vierten Zahl seinen rechten Fuß. Das wird ein lustiger Knoten! Wer den tollsten Knoten schafft ohne umzufallen, gewinnt!

# Ausmalbild: Endlich Pause!

Auf dem Schulhof ist jede Menge los! Wer findet die fünf kleinen Mäuse, die sich hier irgendwo versteckt haben?

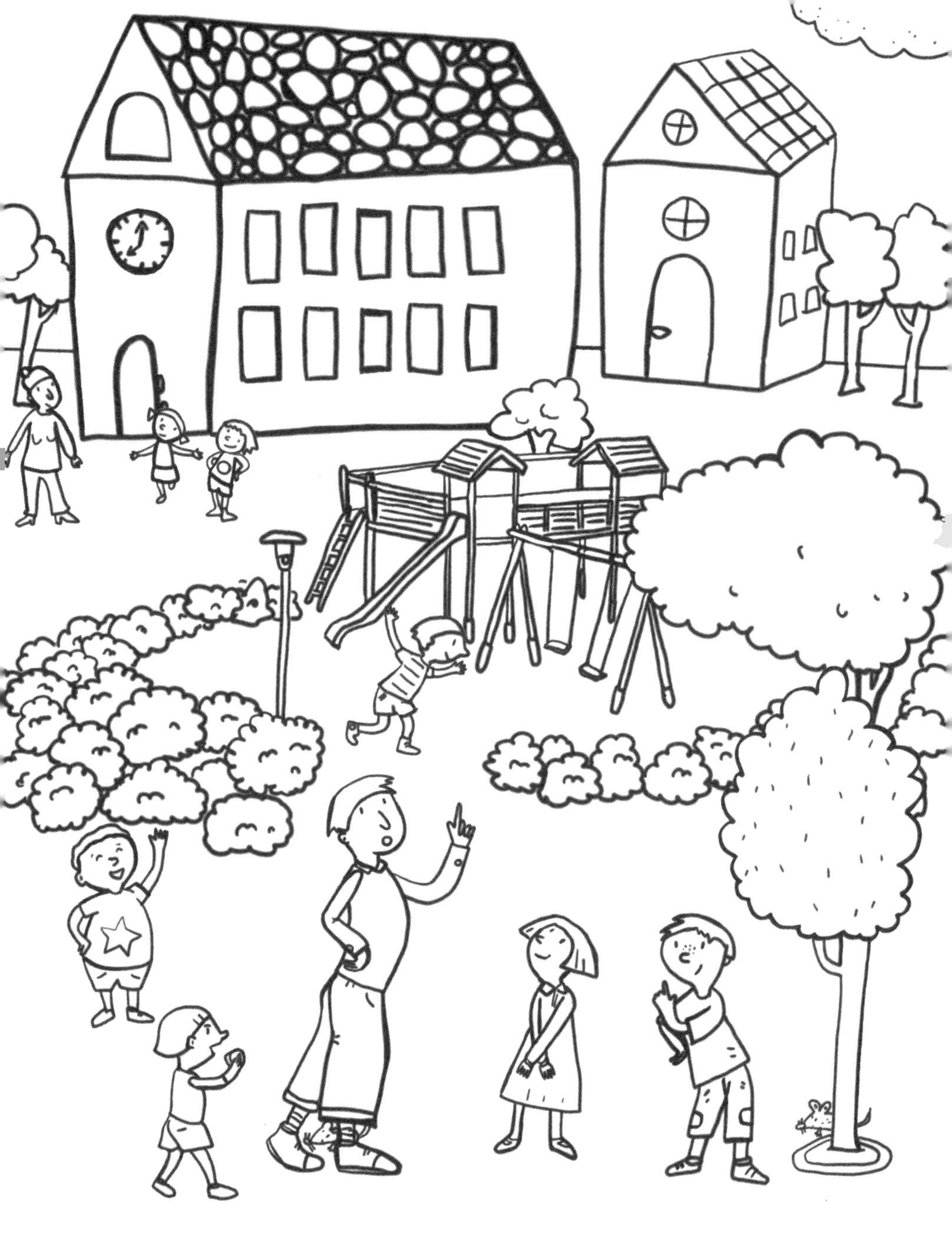

# Heiße Kastanie

Ihr braucht:
- eine Uhr mit Sekundenzeiger
- für jeden Mitspieler drei Papierstreifen
- als heiße Kastanie ein leeres Schlamperetui oder einen Ball

Zuerst bestimmt ihr einen Schiedsrichter, der bekommt die Uhr. Dann erhält jedes Kind drei Papierstreifen. Achtung – fertig – los! Blitzschnell werft ihr euch die Kastanie gegenseitig zu, während der Schiedsrichter die Zeit stoppt. Nach einer Minute ruft er: „Stopp!" Jetzt darf die heiße Kastanie nicht mehr weitergegeben werden. Das Kind, das sie gerade hat, muss einen Papierstreifen abgeben. Wer alle Streifen verloren hat, scheidet aus. Sieger ist, wer übrig bleibt.

Statt die Zeit zu stoppen, könnt ihr auch diesen Reim rufen:

*Aus dem Feuer,*
*Ungeheuer,*
*heiße Hitze,*
*flitze, flitze,*
*weg, weg, weg,*
*Schreck oh Schreck,*
*deine Hand*
*ist verbrannt!*

Sobald der Reim zu Ende ist, darf die Kastanie nicht mehr weitergereicht werden.

# Jumpy, das Känguru

Ihr braucht:
• ein langes Springseil

Zwei Kinder schlagen das Seil, ein drittes ist der „Jumpy" und hüpft in der Mitte. Dazu erklärt ihr, was ein Jumpy genau ist.

*Ein Jumpy ist ein cooles Tier,*
*es lebt weit weg, es lebt nicht hier.*
*Es wohnt in einem fernen Land.*
*Und was es kann, ist allerhand!*
*Es kann nicht reden und nicht singen,*
*es kann nur hoch und höher springen.*

*Sein langer Schwanz hilft ihm dabei
und Riesenfüße hat es zwei.
In seinem Beutel hockt sein Kind.
Und wer das jetzt nicht glaubt, der spinnt.
Denn das größte Känguru
bin nicht ich, sondern bist du.*

Auf „du" verlässt der erste Hüpfer das Springseil und der nächste springt hinein.

# Ausmalbild: Labyrinth

Heute Morgen stehen die Lehrerinnen und Lehrer vor einer schwierigen Aufgabe: Bevor sie die Schule betreten können, müssen sie sich den Weg durch ein Labyrinth bahnen, das die Kinder mit Straßenkreide auf den Schulhof gemalt haben. Welcher Weg führt zur Schule?

SCHULE

# Vorsicht, Wildwasser!

Ihr braucht:
- ein Stück Straßenkreide
- als Goldstück einen Kieselstein

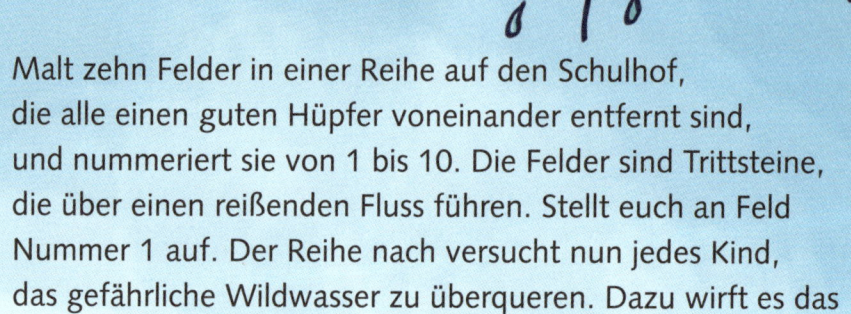

Malt zehn Felder in einer Reihe auf den Schulhof, die alle einen guten Hüpfer voneinander entfernt sind, und nummeriert sie von 1 bis 10. Die Felder sind Trittsteine, die über einen reißenden Fluss führen. Stellt euch an Feld Nummer 1 auf. Der Reihe nach versucht nun jedes Kind, das gefährliche Wildwasser zu überqueren. Dazu wirft es das Goldstück auf die einzelnen Trittsteine und springt hinterher.

Hat der Spieler das andere Ufer erreicht, bekommt er einen Punkt und das nächste Kind ist dran. Wenn das Goldstück ins Wasser fällt oder der Springer neben einem Stein landet, erhält er keinen Punkt, muss sich wieder hinten anstellen und sein Glück das nächste Mal versuchen. Sieger ist, wer am Ende der Pause die meisten Punkte hat.

Tipp: Fragt mal eure Lehrerinnen und Lehrer, ob ihr mit wasserfester Farbe einen dauerhaften Wildwasser-Parcours auf den Schulhof malen dürft – mit aufregenden Wellen, bunten Fischen und fantasievollen Steinen.

# Tierjagd

Ihr braucht:
• einen weichen Ball

Ein Kind ist der „Jäger", alle anderen sind „Tiere" und laufen weg. Der Jäger bekommt den Ball, ruft laut eine Tierart, etwa „Hund!", und versucht dann, ein Kind abzuwerfen. Wer vom Ball getroffen wird, ohne ihn zu fangen, bleibt stehen und muss sich verhalten wie die genannte Tierart, also zum Beispiel laut bellen oder auf allen Vieren gehen. Die anderen können den „Hund" erlösen, indem sie durch seine gespreizten Beine krabbeln. Wer den Ball fängt, wird neuer Jäger. Der Jäger, der es schafft, alle Kinder abzuwerfen, ist Sieger.

# Ballakonda

Ihr braucht:
- zwei Bälle

Wählt zwei Mannschaften und legt eine Start- und eine Ziellinie fest. Dann stellt ihr euch in zwei „Schlangen" (= Ballakondas) hintereinander an der Startlinie auf und dreht der Ziellinie den Rücken zu. Der erste Spieler jeder Ballakonda (also derjenige, der am weitesten von der Startlinie entfernt ist) bekommt einen Ball. Jetzt heißt es, ihn so schnell wie möglich durch die gegrätschten Beine an das nächste Kind weitergeben und sich am anderen Ende anstellen. Dann ist der Nächste an der Reihe. Die Ballakonda, die als erste am Ziel ist, gewinnt.

# Ausmalbilder: Pausen-Snacks

Frühstückspause! Die Kinder haben tolle Pausen-Snacks mitgebracht. Die schmecken einfach superlecker! Auf den ersten Blick sehen die beiden Ausmalbilder gleich aus. Doch auf dem rechten Bild haben sich insgesamt 10 Fehler eingeschlichen. (Der Himmel zählt nicht mit.)

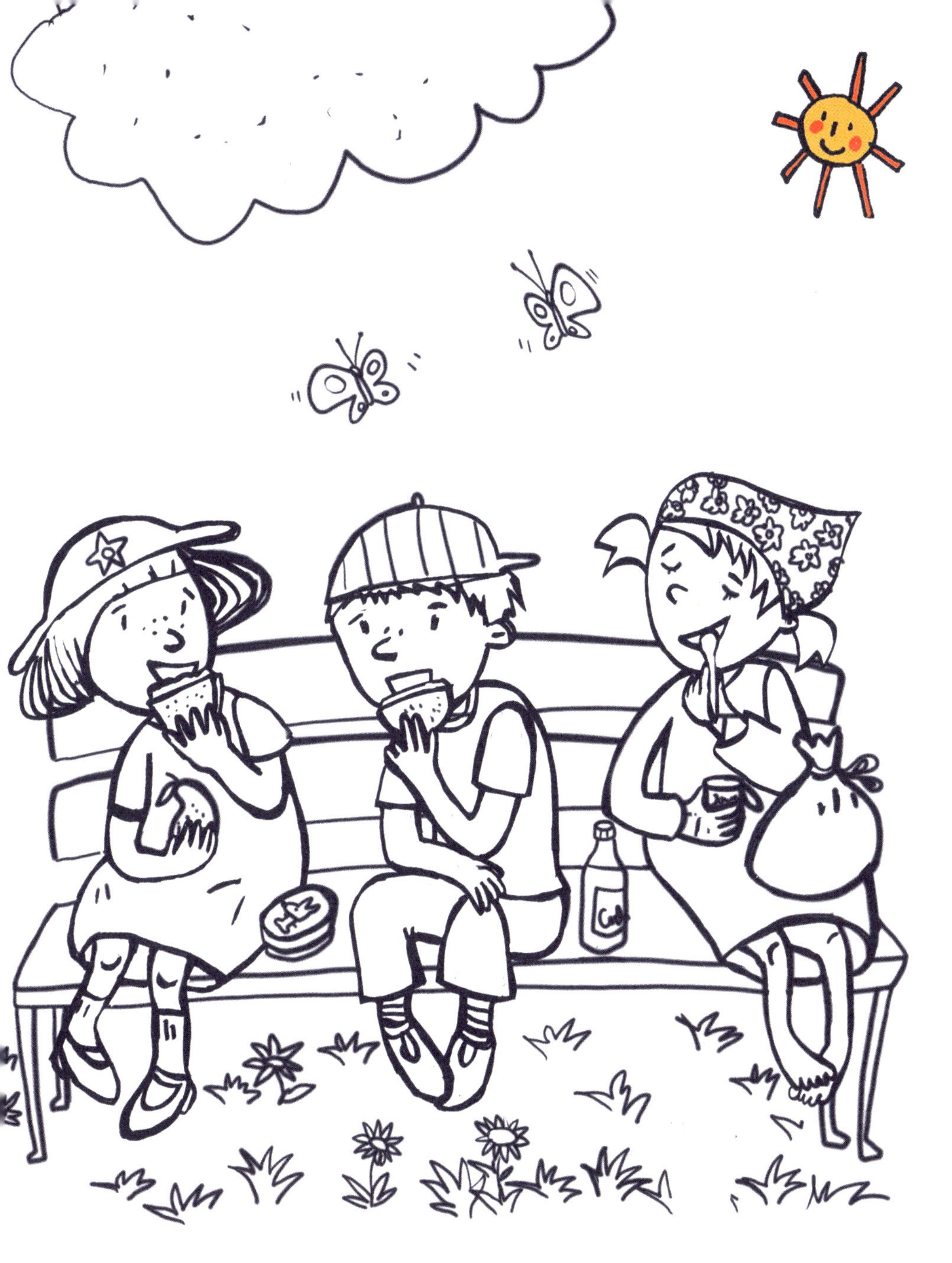

# Schnipp Schnapp

Ihr braucht:
- ein Hosengummiband, etwa 5 mm breit und 3 bis 4 m lang

Zuerst knotet ihr das Gummiband zusammen. Dann stellen sich zwei von euch im Abstand von etwa 2 m gegenüber auf und spannen das Gummiband um ihre Knöchel. Wichtig ist, dass das Gummiband in der Mitte über Kreuz liegt: Das eine Kind stellt seine Füße eng zusammen, das andere grätscht seine Beine. Los geht's!

Beide Kinder rufen immer wieder laut: „Schnipp Schnapp!" Dabei wechseln sie ihre Fußstellung von eng auf weit und umgekehrt. Ein dritter Spieler muss nun jedes Mal in den weiten Teil des Gummibandes springen – also immer hin und her – und dabei laut seine Sprünge zählen. Wenn er einen Fehler macht (zum Beispiel auf das Gummiband tritt oder stolpert), tauscht er mit dem Kind, dessen Füße gerade eng nebeneinander stehen. Dann versucht der nächste Hüpfer sein Glück. Wem wohl die meisten Sprünge gelingen?

# Schnick-Schnack-Schnuck

Wenn ihr euch zwischen zwei Spielen nicht entscheiden könnt, stellt ihr euch gegenüber und wedelt mit eurer rechten Hand. Dabei sagt ihr: „Schnick-Schnack-Schnuck". Bei „Schnuck" verwandelt jeder seine Hand in eins der folgenden Zeichen.

Stein – schleift die Schere (gewinnt), fällt aber in den Brunnen und kann vom Papier eingewickelt werden (verliert).

Schere – schneidet das Papier (gewinnt), fällt aber in den Brunnen und kann vom Stein geschliffen werden (verliert).

Papier – deckt den Brunnen ab und kann den Stein einwickeln (gewinnt), wird aber von der Schere zerschnitten (verliert).

Brunnen – schluckt die Schere und den Stein (gewinnt), kann aber vom Papier zugedeckt werden (verliert).